Voir Dieu de dos

DANS LA MÊME COLLECTION

Chaque publication de la collection Déclic est le fruit d'une heureuse solidarité. Les différentes étapes, tels le choix des arguments, la recherche des rédacteurs et rédactrices ou l'évaluation des manuscrits sont portées par les membres du Comité de rédaction et bénéficient de leur compétence et de leur expérience sur le terrain. Qu'ils et elles en soient cordialement remerciés.

André Myre

Voir Dieu de Dos

Centre de Pastorale en Milieu Ouvrier

Produit en collaboration par la maison d'édition Paulines et le Centre de Pastorale en Milieu Ouvrier (CPMO) de Montréal.

Comité de rédaction : Blaise Gagnon, Lise Labarre, Claude Lacaille, Lucie Lépine, Céline Martin, André Myre, Michel Rondeau, Vanda Salvador.

© *Paulines*
5610, rue Beaubien Est
Montréal (Québec) H1T 1X5

Paulines, un logo qui traduit l'identité apostolique des Filles de Saint-Paul, congrégation au service de l'évangélisation par les moyens de communication sociale.

Illustrations, maquette et couverture : Diane LANTEIGNE

ISBN : 2-920912-38-0

Dépôt légal,
Bibliothèque nationale du Québec 2000
Bibliothèque nationale du Canada 2000

Pour se procurer ce livre en Haïti :
Conférence Haïtienne des Religieux et Religieuses
Rue M (Turgeau), 13
Port-au-Prince
tél. (509) 453613
téléc. (509) 455806

à ceux-là
parmi les compagnons d'Ignace de Loyola
d'ici et d'ailleurs
avec qui ces pages ont cherché à se vivre
bien avant que de s'écrire

Introduction

Ce n'est pas d'aujourd'hui que les humains sont fascinés par les voyages. L'appel de la découverte, l'attrait de l'ailleurs les font bouger depuis la nuit des temps. Cela est aussi vrai, sinon plus, de ce mystérieux voyage au-dedans d'eux-mêmes entrepris à la recherche de l'Innommable. Et sur ce terrain, où les avancées techniques sont d'une parfaite inutilité, les anciens avaient un grand avantage sur nous. Le temps. Ils avaient le temps, ils prenaient le temps d'entrer en eux-mêmes et de se comprendre à la lumière des récits de voyages de leurs prédécesseurs. C'est pourquoi leurs textes ont une puissance d'évocation aujourd'hui inégalée.

Ce petit livre présente quelques-uns de ces textes; ils sont âgés de deux ou trois millénaires et expriment une sagesse qui vient de plus loin encore. Il faut cependant une certaine expérience pour l'aborder. Voyez si vous remplissez l'un ou l'autre des préalables suivants :

- Tout semble vous réussir mais votre vie ne vous satisfait pas.
- Bien que vous adoriez vivre, l'état du monde tend à vous plonger dans une sévère désespérance.
- Vous éprouvez une méfiance viscérale vis-à-vis des systèmes, des idéologies coulées dans les certitudes, des embrigadements, qu'ils soient athées ou religieux, sociaux, économiques ou politiques.

- Vous cherchez le sens des choses mais souffrez que celui-ci ne cesse de vous échapper.
- Vous sentez dans votre corps que la mort commence à se souvenir de vous et vous voulez la voir venir sereinement.
- Vous avez des enfants et aimeriez leur transmettre d'abord et surtout ce qui est humainement vrai.
- Vous êtes en colère contre Dieu.
- Votre vide intérieur vous effraie.

Si vous vous reconnaissez dans l'une ou l'autre de ces expressions, il se pourrait que ce livre vous intéresse. Par ailleurs, si vous êtes bien dans votre religion ou votre agnosticisme, si vos certitudes vous consolent ou vous sont absolument nécessaires pour vivre ou être vous-même, ni les anciens, ni ce livre n'ont quoi que ce soit à vous dire. Ils ne peuvent parler que par la faille de votre souffrance, celle-ci une fois admise bien sûr.

Mais attention ! Si, doté d'un nécessaire préalable, vous vous imaginez que, dans ce livre, vous allez trouver l'Innommable, quel que soit le nom que vous lui donniez : Vie, Sens, Énergie, Dieu, Père..., vous allez vite déchanter. Ce livre ne vous fera rencontrer rien ni personne. De lui-même, il n'a rien à vous dire. Il ne peut que vous aider à vous reconnaître. Nul n'a jamais pu exprimer le Sens de la vie dans une phrase, pas même dans un livre, et toutes les bibliothèques du monde, qu'elles soient faites de papier ou de signes électroniques, sont incapables de le contenir. Le Sens ne se dit pas dans une phrase, Dieu ne se définit pas, il restera toujours ce mystérieux Innommable au bout de ce tourbillon dans lequel entre qui accepte de voyager en soi. Ce livre vous parlera donc à la seule condition que vous acceptiez de vous rencontrer vous-même, ce que personne ne peut faire à votre place. Préparez-vous donc à vous lire. Et c'est chose difficile. Et il faut s'y mettre sérieusement. Et vous risquez de sortir de votre lecture aussi écorché que joyeux. Personne, jusqu'ici, n'a réussi à se tirer indemne de ce voyage, et il serait étonnant que, sur ce point, vous vous distinguiez de tous les humains.

Si vous décidez de tenter le voyage, quelques remarques ou conseils pourraient vous être utiles. Avant tout, une importante mise en garde. Ce petit livre n'est pas à lire d'une traite. Il vous offre la possibilité de faire une démarche d'intériorisation, sous la conduite de sages très anciens, ancrés dans une tradition plusieurs fois millénaire. Il fait appel à votre réflexion, vos souvenirs, vos expériences de vie, votre histoire. Il suppose que vous mettiez beaucoup plus de temps à vous lire qu'à le lire. Il s'emporte en retraite. Il se pense dans de longues marches. Il se partage en petits groupes. Il s'absorbe lentement. Après tout, apprendre à mieux s'ajuster au sens de sa vie mérite qu'on prenne son temps.

Maintenant, un constat. Les textes présentés sont tous tirés du Premier Testament. Identique est le Dieu qui s'y est dit dans ces mots ou s'est exprimé dans la chair de Jésus. Les récits que vous allez lire ne portent cependant que sur des expériences d'hommes, au sens mâle du terme. On ne peut changer le passé et faire en sorte que la Bible, dans sa façon de considérer hommes et femmes, soit plus équilibrée qu'elle ne l'est en réalité. La Bible n'est qu'une partie de la parole éternelle de Dieu, celle que des générations passées ont réussi à entendre, compte tenu des limites de leurs cultures. Il s'en écoute une nouvelle aujourd'hui, jamais entendue jusqu'ici – donc impossible à trouver dans la Bible – qui concerne les femmes. Il importe qu'elle soit entendue et que les femmes d'aujourd'hui prennent conscience de l'originalité de leur propre expérience de Dieu en la confrontant à celle qui est consignée dans les récits anciens. Si on ne peut refaire le passé, on peut changer le présent.

Les textes anciens ont été traduits à neuf directement de l'hébreu. La traduction, plutôt littérale, vise à faire sentir le rythme et la saveur du texte original. À première lecture, elle peut paraître déconcertante, rebutante même. Un exemple. Depuis des millénaires le peuple juif ne prononce pas le nom de son Dieu, pour respecter son mystère. Dans la traduction ici offerte, vous ne rencontrerez donc que les quatre consonnes de son nom. YHVH est l'Innommable. Absorbez lentement le texte, comme si vous vous en nourrissiez pour la première fois. Relisez-le à quelques reprises – en espaçant les lectures s'il le faut – jusqu'à ce que son rythme, son style, son contenu vous deviennent familiers. Vous serez mieux à même de comprendre la suite. Et ne vous hâtez pas de prendre connaissance du commentaire. Celui-ci ne fait pas l'exégèse du texte, il ne dit que ce qu'il faut pour vous renvoyer à vous-même. Car le sens, vous ne le trouverez pas dans ce livre, il n'existe qu'en vous. Aussi personne ne peut-il le dire pour vous. Que nul ne vous enseigne, car *vous êtes* le maître qui vous est donné pour apprendre. Offrez-vous le temps de vous écouter.

Un dernier mot sur la facture des chapitres. Ils comprennent toujours deux parties qui se correspondent. La première fait ressortir, la plupart du temps en les numérotant, des données du texte qui apparaissaient devoir être soulignées. La seconde les reprend une à une, en suivant la même numérotation, cette fois en posant la question de leur pertinence par rapport à votre propre vie. Quand vous lisez un paragraphe numéroté de la seconde partie, il vous serait utile de retourner lire le paragraphe correspondant dans la première et même d'aller retrouver la donnée biblique dans le texte de départ. Vous verrez mieux ainsi la pertinence de la question qui vous est posée ou de la clé de lecture de votre vie qui vous est offerte. Certains éléments de l'expérience d'intériorité se retrouvent d'un texte biblique à l'autre. Leur répétition dit leur importance.

À la fin de chaque chapitre, un espace vous est offert pour y consigner vos propres réflexions. Avec le temps, ce petit livre pourrait devenir le témoin de votre insertion dans la longue lignée des humains qui ont vu Dieu de dos.

Avez-vous décidé d'entreprendre le voyage ?

1

IL NE SE VOIT QUE DE DOS

Exode 33,18-23

Et Moïse dit :
  Fais-moi voir, je te prie, ton éclat. [...]
Et YHVH dit :
  Tu ne peux voir ma face, car l'homme ne me verrait pas et vivrait.
Et YHVH dit :
  Voici un lieu près de moi.
  Tu te tiendras debout sur le rocher.
  Et il sera, dans le passage de mon éclat, que je te placerai dans
  un trou du rocher.
  Et je couvrirai ma paume sur toi jusqu'à ce que je sois passé.
  Et je retirerai ma paume.
  Et tu verras mon dos.
  Et ma face ne sera pas vue.

I

Le croiriez-vous ? En ces quelques lignes, tout est dit. Qui les a comprises se comprend. Elles sont de la main d'un sage – fonction réservée aux hommes à l'époque – qui condense des siècles de réflexions, des années de plongée en lui-même. Elles ont été jugées assez importantes pour être copiées de génération en génération, appliquées à Moïse et intégrées dans le vaste ensemble littéraire des cinq premiers livres de la Bible. Difficile de les lire sans entrer en résonance avec nos prédécesseurs dans la chaîne humaine de la vie.

Le texte fait parler Dieu lui-même ou YHVH. Ici, une remarque s'impose. La Bible est la mise en mots de la compréhension que des lettrés d'Israël ou des premières communautés chrétiennes avaient de la vie humaine. Croire que la Bible est inspirée, c'est croire que les lettrés de jadis ont fait une authentique expérience de Dieu, laquelle a imprégné leur compréhension de la vie. Fidèles à l'immense liberté qu'ils se reconnaissaient et aux modes d'écriture de leur époque, les anciens n'avaient aucun scrupule à faire parler Dieu dans leurs écrits. Ils lui font dire ce qu'ils ont rencontré de lui. Dans leurs textes, à travers Dieu qui parle, ce sont eux qui s'adressent aux lectrices et lecteurs, leur disent leurs découvertes et leurs échecs, laissant l'Innommable dans le secret de son mystère. Comprendre cela est important pour les hommes et femmes d'aujourd'hui, qui peuvent d'autant mieux entrer en résonance avec les textes anciens que leurs voyages intérieurs sont semblables. Pour les croyants, la Bible est parole de Dieu en cela même qu'elle est parole humaine sur Dieu (comme Jésus est parole de Dieu en cela même qu'il est homme...).

Dans le texte, deux expériences fondamentales sont énoncées, par YHVH, en réponse au désir, très humain, de Moïse : « Je veux te voir, a-t-il dit à YHVH, fais-moi donc voir ta gloire, ou ton éclat, ou ta grandeur. » Notons, en passant, que la formulation même de la demande de Moïse suppose que, d'eux-mêmes, les humains ne peuvent voir Dieu. L'intervention divine est nécessaire.

La première réponse de YHVH résume des millénaires d'expérience humaine : de ce côté-ci de la mort, nul n'a jamais vu Dieu. La formulation : *Tu ne peux voir ma face, car l'homme ne me verrait pas et vivrait*, laisse même entendre que les humains doivent en prendre leur parti. Vie humaine et vue de Dieu sont incompatibles, autant le savoir d'entrée de jeu.

Mais le sage n'a pas dit son dernier mot. Et ici il en devient émouvant. Il témoigne de siècles de tentatives pénibles, têtues, les siennes et celles de ses prédécesseurs. Il sait que tout n'a pas été vain. Il fait donc intervenir YHVH à nouveau. Celui-ci, touché par l'incessante quête des humains, ne veut pas les laisser les mains vides. Il va donc accomplir le seul possible qui soit réalisable : puisqu'on ne peut le voir de face, il va se faire voir *de dos*. Astucieux ce YHVH, direz-vous ? Perspicace plutôt ce sage, sinon dérangeant.

Qu'a-t-il donc en tête en parlant de la possibilité de voir Dieu de dos ? Comme il comprend les choses, si les humains ne peuvent voir Dieu face à face, ils ne sont pas coupés de lui. Au contraire, ils le rencontrent, ils sont en contact avec lui, ils dialoguent avec lui. Mais c'est chose tellement naturelle qu'*ils n'en sont pas conscients*. S'ils sont sérieux dans leur quête de Dieu, ils doivent donc s'approprier l'histoire de leur relation avec Dieu. Cela exige, collectivement ou individuellement, qu'ils se tournent vers le passé pour y discerner les traces de leurs rencontres avec Dieu. C'est ce que veut dire voir Dieu de dos.

II

Vous devinez la tâche que ce texte vous jette sur les bras ? Il présuppose que *vous* avez vu Dieu dans votre histoire, mais que vous en avez plus ou moins conscience. Il vous suggère donc, si la chose vous intéresse, de vous mettre au travail et de retracer les interventions de Dieu dans votre vie. En somme, il s'agit de vous dire à vous-même qui est votre Dieu : quand s'est-il manifesté (années, jours)? où (lieux)? dans quel état vous trouviez-vous avant qu'il vous rencontre ? que vous a-t-il proposé ? C'est l'histoire de votre vie qu'il vous faut faire, qu'il vous faut trouver pas à pas, pour ensuite la relire, l'interpréter. C'est une série d'interventions que vous avez à tracer, comme dans ces livres d'enfants où, en laissant le crayon aller de numéro en numéro, on en arrive à esquisser un dessin. Personne d'autre que vous n'a été l'objet de ces actions précises de Dieu, personne d'autre que vous n'est capable de les retracer. Et vous ne saurez jamais qui est votre Dieu si vous n'entreprenez pas de le voir de dos dans l'histoire de votre vie. De même que vous ne pourrez jamais dire quoi que ce soit de pertinent sur Dieu à l'avenir, ni dialoguer avec d'autres (pour dire « notre Dieu », il faut savoir qui est le sien), ni même prier la prière de votre vie.

Ici donc devrait s'arrêter, pour un bon bout de temps, votre lecture de ce livre. Pour toujours, si vous ne faites pas l'effort de regarder Dieu de dos. Car si vous vous refusiez à relire votre vie, vous ne comprendriez rien de ce qui suit. Prenez l'exemple du texte que nous sommes à considérer : il ne vous dit pas ce que Moïse ou le sage a vu du dos de Dieu. Vous ne pouvez savoir ce qu'ils ont vu, donc commencer à comprendre ce texte, qu'à partir du jour où vous avez conscience de ce que votre propre vie vous a fait voir de Dieu (de dos).

Si, par ailleurs, le voyage dans l'histoire de votre vie vous intéresse, donnez-vous le temps de le bien faire. Vous aurez à diviser votre histoire selon les périodes, les lieux, les personnes-clés. Faites bien attention aux tournants, pris ou refusés. Évitez le piège qui consiste à chercher Dieu surtout dans le religieux. Je vous donne l'exemple d'une conversation récente avec une connaissance un peu lointaine. La personne me dit :

J'étais jeune marié. Je m'en allais au travail. Soudainement, sans préparation, je me dis : « Si tu te rends travailler dans cette entreprise aujourd'hui, tu n'auras plus jamais le courage de faire autre chose dans la vie. C'est le temps ou jamais. » J'ai viré de bord. Quand j'ai dit à ma femme, le soir, que j'avais quitté mon emploi, elle est presque morte sur le coup. J'ai pris là la meilleure décision de ma vie.

Typique d'une intervention de Dieu. Dans la relecture de l'histoire de cette vie, ce moment devrait être longuement considéré. Il est tout plein de Dieu, même s'il est très loin du religieux traditionnel ou du sacré. Le dos de Dieu occupe beaucoup de place dans le champ de la vie, mais il faut vouloir le voir, apprendre à le voir. À plus tard !

Notes personnelles

2

IL SE RENCONTRE DANS LE TROU

Juges 6,3-24

Faire le portrait des rencontres de Dieu dans son histoire est important à plusieurs titres. Cela permet d'abord de mieux se connaître. Le type de relation qu'il entretient avec Dieu est marquant pour un être humain. De plus, une personne qui a acquis une conscience assez vive des caractéristiques que prennent les interventions de Dieu chez elle est mieux en mesure de se situer à l'intérieur des multiples traditions religieuses qui existent dans l'humanité. C'est une des grandes joies de la vie que de découvrir d'autres humains qui partagent, pour le fond, ses expériences de Dieu. Car s'il est vrai que ce dernier est un, il n'en reste pas moins qu'il ne se manifeste pas de la même façon chez tous. Ensuite, plus le voyage en soi ou dans son histoire est profond, plus il est facile de vivre les dimensions religieuses de l'existence et de les ajuster au rythme des cultures et sociétés en mouvement. Les religions, on le sait, parce qu'elles ont comme mission de durer dans le temps, font toutes face à la tentation de se durcir, de se figer, d'absolutiser – au nom de Dieu bien sûr! – les formes historiques qu'elles ont prises. Ou encore, chacune se concevant comme la meilleure de toutes, de mépriser les autres sinon de lutter pour les anéantir. Or, il est remarquable que plus l'expérience de Dieu est forte chez quelqu'un, plus cette personne est capable de relativiser sa tradition religieuse et de respecter les autres. Par ailleurs, moins on s'est confronté à l'Innommable, moins on se révèle disposé à relativiser les choses de sa religion. Les fondamentalistes et intégristes de tous poils sont davantage experts à dessiner le visage de leur religion qu'à tracer les contours du dos de leur Dieu. Dans ce contexte, soulignons la responsabilité des pasteurs, quelle que soit leur religion, d'être des humains capables de rendre compte de leur expérience de Dieu, avant d'en être les fonctionnaires.

Si vous êtes en train de lire ces lignes, c'est donc que vous avez appris, de votre histoire, à tracer la silhouette de votre Dieu. Ici, une question (au moins) se pose: avez-vous bien vu? C'est le problème de l'authenticité. Et il est majeur. Nous pouvons tout dire de Dieu sans risque qu'il vienne nous contredire. Innombrables, on le sait, les aberrations dites ou commises au nom de Dieu. Comment donc pouvons-nous discerner de la justesse de notre conception de Dieu? C'est ici que le recours à une forme millénaire de sagesse est précieuse. Certes, celle-ci n'épuise pas l'expérience ni les possibilités d'intervention de

Dieu. Mais elle permet au moins d'éviter les discours aberrants, et, au mieux, elle permet de se situer face à une tradition dont l'humanité dans son ensemble reconnaît depuis longtemps la valeur.

Voici donc le dos de Dieu vu dans un texte du livre des Juges. Lisez-le comme si, après avoir écouté le récit des interventions de Dieu dans votre histoire, l'auteur, poursuivant le dialogue, vous parlait maintenant de lui.

Et à cette époque, chaque fois qu'Israël avait semé,
Madian, Amalec et les enfants de l'Orient montaient,
et ils montaient contre lui,
et ils campaient en face d'eux,
et ils ruinaient le produit de la terre jusqu'à l'entrée de Gaza,
et ils ne laissaient pas de vivres en Israël, ni mouton, ni bœuf, ni âne,
parce qu'eux et leurs troupeaux montaient, et leurs tentes,
et ils venaient autant que des sauterelles en multitude,
et pour eux et pour leurs chameaux, pas de nombre,
et ils venaient sur la terre pour la ruiner. [...]
Et il fut que les enfants d'Israël crièrent vers YHVH à cause de Madian. [...]

Et vint le messager de YHVH,
et il s'assit sous le Térébinthe, lequel est situé à Ophrah, lequel est à Yoach l'Abîèzrite,
et Gédéon, son fils, était à battre les blés dans le pressoir, pour les cacher devant Madian.
Et le messager de YHVH fut vu de lui,
et il lui dit :
    YHVH avec toi, héros fort.
Et Gédéon lui dit :
Pardon, mon seigneur,

et s'il y a YHVH avec nous,
et pourquoi tout ceci nous a-t-il trouvés,
et où sont toutes ses merveilles que nous ont racontées nos
pères, pour dire :
Ne nous a-t-il pas fait monter d'Égypte, YHVH ?
Et maintenant YHVH nous a abandonnés,
et il nous a donnés dans la paume de Madian.
Et YHVH se tourna vers lui,
et il dit :
Va avec cette force de toi,
et tu libéreras Israël de la paume de Madian,
ne t'ai-je pas envoyé ?
Et il lui dit :
Pardon, mon seigneur,
avec quoi libérerai-je Israël ?
Voici, mon clan est le plus faible en Manassé,
et moi, le plus petit dans la maison de mon père.
Et YHVH lui dit :
Parce que je serai avec toi,
et tu frapperas Madian comme s'il n'était qu'un seul homme.
Et il lui dit :
Si, je te prie, j'ai trouvé faveur à tes yeux,
et tu feras pour moi un signe que c'est toi qui parles avec moi.
[...]
Et Gédéon vit que c'était le messager de YHVH.
Et Gédéon dit :
Malheur, mon seigneur YHVH,
parce que vraiment j'ai vu le messager de YHVH face à face.
Et YHVH lui dit :
Paix à toi,
ne crains pas,
tu ne mourras pas.
Et Gédéon bâtit là un autel pour YHVH,
et il l'appela YHVH-Paix.
Jusqu'à ce jour il est encore à Ophrah l'Abîèzrite.

I

Ce récit a une longue histoire. Il est fondé dans la vie d'un petit chef de clan, Gédéon, qui a pris sur lui de défendre sa communauté sédentaire attaquée par des groupes de nomades, lesquels font des razzias chez elle. Le récit de ses exploits, comme de ce qui l'a motivé à tant de solidarité, a longtemps été raconté de façon orale. Un jour, au profit d'un groupe qui se rassemblait et gardait mémoire du passé, le responsable d'un petit temple (lequel existe encore au moment où le texte est rédigé : il s'appelle *YHVH-Paix*) met cette tradition par écrit. L'auteur du livre des Juges l'intègre dans son texte, où nous le trouvons aujourd'hui. Ce récit est remarquable. Il vaut la peine de le suivre pas à pas et noter à mesure sa façon de présenter l'expérience de Dieu.

1 L'événement se passe dans une période difficile. Des nomades venant du sud font pression sur les paysans israélites devenus sédentaires. Ils installent leurs troupeaux sur des terres cultivées ou s'emparent des récoltes. Les habitants du pays font donc face à la ruine. Non seulement l'expérience de Gédéon ne se fait pas en vase clos, mais elle est présentée comme la réponse de YHVH aux cris de détresse de son peuple. Notons, en passant, que le *messager* (autre traduction possible : ange) *de YHVH* du récit n'est pas un simple envoyé céleste. Ici, comme ailleurs dans la Bible, *messager de YHVH* est une façon de désigner Dieu lui-même.

2 La rencontre est bien située dans le temps et dans l'espace. Elle a eu lieu à l'époque des razzias madianites et amalécites, à un endroit précis : sous un arbre (devenu depuis lors?) célèbre, le Térébinthe situé dans la localité d'Ophrah et appartenant à Yoach, un homme du clan d'Abîézer.

3 Au moment de la rencontre, Gédéon est, comme les autres, victime des incursions des pillards. Le blé a été récolté des champs de son père et il est temps de le battre pour séparer le grain du reste. En temps normal, l'opération s'effectue sur une hauteur par temps venteux. Après avoir battu les blés pour en libérer les grains, on envoie le tout en l'air pour que le vent emporte la paille et tout ce qui est impropre à la consommation. Le grain, plus lourd, retombe au sol et peut donc être recueilli et engrangé. Or, parce que Gédéon veut éviter que les ennemis ne voient sa récolte et ne viennent la lui voler, le voilà en train de battre le blé sous le sol, au fond d'un pressoir à raisin, là où, évidemment, il n'y a pas de vent. Comme on dit familièrement, le voilà « dans le trou » ! Et c'est dans le trou qu'il sera rencontré par YHVH.

4 YHVH parle peu dans le récit, mais ce qu'il dit est significatif (se souvenir que l'auteur réfléchit sur son histoire collective et personnelle; c'est le « dos » de YHVH qu'il nous présente ici).

D'abord, il affirme sa présence dans la vie de Gédéon : il est et sera avec lui. Cette présence est conçue comme aidante, agissante, dynamique. Ensuite, il a une opinion très positive de Gédéon : *héros fort*, qu'il l'appelle. Il a tellement confiance en lui qu'il compte sur lui pour libérer Israël de l'emprise de Madian. Ici, il faut parler de Gédéon, si on veut dégager la signification, aux yeux de YHVH, de cet aspect crucial de la rencontre. Jusqu'alors, même s'il souffrait avec les habitants de son pays d'une situation difficile, tout ce que Gédéon cherchait à faire, c'était que sa famille et lui s'en tirent le mieux possible. Lui, il prenait les moyens pour ne pas se faire chiper sa récolte, que les autres fassent de même. Chacun pour soi. YHVH ne l'entend pas de cette oreille. Ce n'est pas assez de prendre tous les moyens pour s'en tirer, il faut aussi se montrer solidaire des autres. Et même plus, ce n'est pas suffisant de courir au plus pressé et de s'assurer qu'on a bien le nécessaire pour vivre, il faut aller détruire le mal à la racine, changer la situation.

Bien sûr, YHVH sera avec Gédéon pour l'aider : à eux deux, l'ensemble des ennemis apparaîtra même aussi peu menaçant qu'un simple individu isolé. Un des effets de sa rencontre avec Dieu est donc de rapetisser l'idée que Gédéon se faisait de son problème.

Enfin, même si la force de YHVH peut être terrible, elle sera, pour Gédéon, source de vie.

5 L'attitude de Gédéon dans le récit n'est pas moins intéressante que celle de YHVH.

Sur le coup, Gédéon ne sait pas qu'il est en présence de YHVH. L'auteur du récit a donc sa façon à lui – différente du texte précédent à propos de Moïse – de nous dire que Dieu ne se voit que de dos. On ne se rend compte de la réalité de la rencontre que plus tard.

Plusieurs raisons empêchent Gédéon de reconnaître la présence de YHVH dans sa vie. D'abord, il y a la situation de détresse dans laquelle lui et les siens se trouvent. Comment expérimenter la présence de Dieu quand tout va mal ? Ensuite, il y a l'idée que Gédéon se fait de la présence de Dieu : si YHVH était avec lui, il se passerait les choses qu'on raconte s'être passées jadis. Or, il ne se passe présentement rien de tel, lui et les siens sont dans le trou, on n'en peut donc tirer qu'une conclusion : YHVH a abandonné Israël. De plus, il trouve menaçante la perspective d'une rencontre entre Dieu et un être humain. Les idées que Gédéon a sur Dieu l'empêchent donc de prendre conscience de la présence de Dieu dans sa vie. Il y a enfin, chez Gédéon, un troisième blocage : c'est l'opinion qu'il a de lui-même. Alors que YHVH voit en lui un *héros fort*, lui est conscient de la faiblesse de son clan et il se considère, de son côté, comme *le plus petit dans la maison de mon père*. Dans ses conditions, comment pourrait-il s'imaginer sortant de son trou pour contribuer à libérer son peuple de sa misère ?

Gédéon, enfin, demande un signe qui pourrait confirmer qu'il est bien en présence de YHVH. L'auteur veut dire par là que, tant collectivement qu'individuellement, il y a lieu de s'interroger sur l'authenticité des expériences de Dieu. En ce domaine, surtout, il est facile de se faire illusion.

6 La fin du récit, dans la version écourtée offerte ici, évoque un culte par la mention d'un autel qui existe toujours au moment où le rédacteur écrit son texte. On reste dans la ligne de l'authenticité. Pour qu'une expérience soit jugée véridique, un jugement positif de la société ou de la communauté de foi est un élément important. Après tout, c'est pour elle, comme le récit le déclare, que Dieu est intervenu. Dans le cas qui nous intéresse, il a été expérimenté par un individu, donc vu de dos par lui, et, par la suite, vu de dos, également, par des générations d'êtres humains qui se réfèrent à l'expérience originelle en en gardant le souvenir dans un petit temple.

II

L'expérience de Dieu est nécessairement colorée par les caractéristiques de la personnalité ou de la collectivité qui la fait. Nul ne peut donc se retrouver tel quel dans le récit d'un autre, ou dans celui d'une rencontre passée. Il est pourtant loin d'être sans intérêt de confronter ce qu'on a vu du dos de Dieu dans sa vie avec une tradition ancienne. On y apprend à mieux se connaître, et les anciens peuvent également aider à déceler les faiblesses de sa propre expérience. Reprenons donc une à une les données retirées du texte concernant Gédéon.

1 Une personne n'est pas une île isolée dans la grande mer humaine, et l'expérience de Dieu engage normalement au service des autres. Relire son histoire, dans le but d'y retrouver les contours du dos de Dieu, suppose donc qu'on soit sensible aux différents problèmes de la société (ou des sociétés) dans laquelle on a vécu. Ce sont ces cris de votre monde (et donc en partie les vôtres), qui sont montés jusqu'à lui, qui ont poussé le Dieu de votre histoire à vous rencontrer. Peut-être y a-t-il lieu, dès maintenant et avant de poursuivre la lecture de ce livre, d'enrichir le fond de scène social de votre histoire de foi.

2 Un être humain est enraciné dans l'espace et le temps. Rien ne lui arrive qui ne soit marqué par ces deux coordonnées essentielles. Les retrouver est un des buts importants du souvenir. C'est signe de respect pour l'autre (ou l'Autre) que de se rappeler les temps et moments des rencontres importantes. Si ceux-ci restent flous, c'est qu'une bonne part de ce que l'Innommable voulait dire a été perdu. Peut-être vous faut-il prendre le temps de creuser davantage votre passé.

3 On comprend peu de chose à ce que Dieu a voulu dire si on ne voit pas clairement dans quel trou on était quand on a été rencontré par lui. En effet, si nous pouvons dire quelque chose de lui, c'est que nous avons expérimenté contre quelle sorte de mal, en nous et dans notre monde, il est en lutte. Revenons au récit sur Gédéon. C'est une réalité d'ordre politique, économique et social qui préoccupe le messager de YHVH: les chefs n'assurent pas la sécurité des frontières, l'économie est sens dessus dessous et la paix sociale est bouleversée. Il est remarquable, cependant, que le manque de ferveur religieuse n'est pas en cause. Bien sûr, ce n'est qu'un cas. Mais on apprend à connaître Dieu en voyant ce qui, à long terme et en général, le fait bouger. Dans quel trou se trouvait donc votre monde, où vous trouviez-vous vous-même, quand il y a

eu rencontre entre vous et lui ? Mieux vous en arriverez à mesurer ce fameux trou, plus précis seront les contours du dos de votre Dieu.

4 Le récit sur Gédéon offre quelques critères permettant de vérifier l'authenticité de nos rencontres avec Dieu. Par exemple, YHVH s'y révèle comme présence dynamisante. Ensuite, il a en haute estime la personne qu'il rencontre. À force de vivre en présence de son Dieu, on devrait normalement parvenir à un amour plus profond de soi, à une conscience plus vive de sa dignité humaine, à une meilleure confiance en soi, à une audace plus grande pour prendre des responsabilités. Ces choses se vérifient dans l'histoire d'une vie. De plus, si on se fie toujours à Gédéon, la rencontre avec Dieu concourt à faire passer de l'égoïsme à la solidarité. Loin de le renfermer dans un spirituel désincarné, l'expérience de Dieu rend l'humain de plus en plus sensible à la misère du monde qui l'entoure, en le poussant à la soulager dans toute la mesure du possible. Mais il y a plus. Non seulement la rencontre avec Dieu fait-elle passer de l'égoïsme à la solidarité, elle pousse même à lutter contre les causes de la misère. Gédéon n'est pas tant invité à partager avec le reste du clan le blé qu'il a pu sauver des pillards qu'à s'organiser pour qu'il n'y ait plus de pillards venant ravager les récoltes de son peuple. Donner à manger, c'est bien. Le désir de YHVH c'est pourtant que personne n'ait à réclamer de quoi manger. Il y a là bien sûr une ligne d'engagement sans fin. Vous avez donc à discerner si le Dieu que vous avez rencontré de dos poussait dans cette direction, et, en toute humilité et amour de vous-même, à voir où vous vous situez dans ce parcours. Pour ce faire, il sera utile de vous souvenir que, chez Gédéon, la présence agissante de Dieu a eu pour effet de rapetisser la force des ennemis et de se traduire en grande énergie de vie.

5 Peut-être êtes-vous un Gédéon moderne et commencez-vous à vous rendre compte que votre vie a été beaucoup plus remplie de Dieu que vous ne le pensiez. Il n'est jamais trop tard pour en prendre conscience. Mais il importe, ce faisant, de repérer les œillères qui ont pu vous empêcher de voir clair, car celles-ci ont toujours tendance à se remettre en place. Il y a bien sûr les misères et préoccupations de la vie : tellement d'urgences rendent difficile de noter cette présence fine et discrète. Et puis, il y a les idées plus ou moins fausses qu'on se fait sur Dieu : un Dieu qui n'agit plus comme il le faisait, un Dieu que les réalités concrètes de la vie n'intéressent pas parce qu'il n'a d'yeux que pour le religieux et le sacré, un Dieu-comptable (des péchés), un Dieu que ma petite personne et ma petite vie ne peuvent sûrement pas intéresser, un Dieu qui peut faire appel à bien d'autres humains de plus de valeur que moi, etc. Peut-être, à la lumière du récit de Gédéon, pouvez-vous arriver à mieux identifier vos œillères et, libérant la lecture de votre vie, mieux apprécier l'histoire de vos rencontres avec Dieu. Mais tout cela exige discernement. Gédéon lui-même demande un signe, aussi y a-t-il lieu d'apprendre à discerner les indices de la présence de Dieu dans une vie : libération, engagement, sérénité, etc.

6 Le partage avec d'autres, en qui on reconnaît des humains rencontrés par le Dieu vivant, fait partie du discernement. Leur avis devrait aider à faire la part des choses et contribuer à une plus grande sécurité intérieure. De plus, l'écoute de leur propre expérience risque d'être très nourrissante. Peut-être y a-t-il lieu, dès maintenant, de vous chercher une âme sœur. Il se pourrait qu'en lui suggérant une conversation sur Dieu, vous lui causiez une joie égale à son étonnement.

Notes personnelles

3

IL BOULEVERSE UNE VIE

Exode 3,1–4,16

En entendant la salutation du messager, Gédéon, on s'en souvient, ne pouvait concevoir que YHVH fût avec son peuple. Allons donc! Il suffisait de regarder la misère autour de soi. On n'y voyait aucune de ces merveilles dont parlaient les anciens quand ils disaient: YHVH ne nous a-t-il pas fait monter d'Égypte? Il était donc clair que YHVH avait abandonné les siens. Gédéon se faisait, de l'agir de Dieu, une conception qui l'empêchait de prendre conscience de sa présence active. Pourtant, il reprenait une idée que beaucoup alors, et sans doute encore aujourd'hui, partageaient. Allons donc vérifier comment un homme d'expérience s'est représenté la rencontre originale de Moïse avec son Dieu. Il y a, dans le récit que vous allez lire et qui reproduit les grandes lignes d'Exode 3,1–4,16, des choses étonnantes.

Et Moïse faisait paître le petit bétail de Jéthro, son beau-père,
prêtre de Madian,
et il mena le petit bétail par-delà le désert,
et il vint à la montagne de Dieu, l'Horeb.
Et le messager de YHVH fut vu de lui dans une flamme de feu,
du milieu du buisson. [...]
Et YHVH dit :
Pour voir, j'ai vu l'humiliation de mon peuple qui est en Égypte,
et j'ai entendu sa clameur devant ses extorqueurs, car je sais ses
douleurs,
et je suis descendu pour le libérer de la main de l'Égypte
et le faire monter de cette terre sur une terre bonne et vaste [...].
Et maintenant voici que la clameur des enfants d'Israël est venue
à moi.
Et j'ai aussi vu l'oppression dont les Égyptiens les oppriment.
Et maintenant, va !
Et je t'envoie vers pharaon.
Et tu feras sortir d'Égypte mon peuple, les enfants d'Israël.

Et Moïse dit à Dieu :
Qui suis-je que j'aille vers pharaon et que je fasse sortir les
enfants d'Israël d'Égypte ?
Et il dit :
Je serai avec toi. [...]

Et Moïse dit à Dieu : [...]
Et ils me diront :
Quel est son nom ?
Que leur dirai-je ?
Et Dieu dit à Moïse : [...]
Tu diras ceci aux enfants d'Israël :
Je Suis m'a envoyé vers vous. [...]

Et Moïse répondit et il dit :
Mais voyons ! Ils n'auront pas confiance en moi,
et ils n'écouteront pas ma voix car ils diront :
Il n'a pas été vu de toi, YHVH.

(YHVH lui donne alors le pouvoir de faire trois signes.)

Et Moïse dit à YHVH :
Ah ! mon seigneur, je ne suis pas un homme à paroles, moi,
pas même d'hier, pas même d'avant-hier, ni même depuis que tu
parles à ton serviteur, car j'ai bouche pesante, et langue pesante,
moi.
Et YHVH lui dit :[...]
Et maintenant va, et moi, je serai avec ta bouche,
et je t'enseignerai ce que tu diras.

Et il dit :
Ah ! mon seigneur, envoie donc quelqu'un d'autre faire tes com-
missions !
Et la colère de YHVH s'enflamma contre Moïse,
et il dit :
N'y a-t-il pas Aaron, ton frère, le lévite ? [...]
Et tu lui parleras,
et tu mettras les paroles dans sa bouche.
Et moi, je serai avec ta bouche et avec sa bouche,
et je vous enseignerai ce que vous ferez.

I

Ce récit est un classique. Il annonce l'événement fondateur d'Israël, la sortie d'Égypte, et décrit la rencontre entre Moïse et YHVH, celui qu'Israël va reconnaître comme son Dieu propre. Les caractéristiques de sa présentation de l'expérience de Dieu méritent d'être soulignées.

1 La rencontre a lieu à un moment pénible dans la vie de petites communautés de nomades. L'Égypte, une grande puissance impériale, a besoin de main-d'œuvre pour ses travaux et met les étrangers à la corvée. La vie de ces esclaves est misérable et ces pauvres gens crient après leur Dieu pour qu'il vienne à leur secours. Personne d'autre que lui ne saurait faire entendre raison à l'Empire.

2 L'expérience de Moïse est, comme il se doit, située dans l'espace et le temps. Elle date de l'époque où celui-ci était berger et se vit près d'une montagne, l'Horeb (autre nom du Sinaï). En passant, notons cette tendance à préciser que les humains sont interpellés par Dieu à un moment où ils sont en pleine activité. Gédéon est à battre le blé; Moïse fait paître les troupeaux de son beau-père; Élisée est en train de labourer (1 Rois 19,19-21); les futurs disciples de Jésus sont à préparer leur pêche (Marc 1,16-20). C'est dans la vie que ça se passe.

3 Le récit a, dès le début, quelque chose de fondamental à dire sur Dieu, quelque chose qui dépend d'un long temps d'observation (temps pas encore terminé...). Dieu a vu l'humiliation et l'oppression dont est victime son peuple, il s'est rendu compte de ses douleurs, il a entendu sa clameur et, en conséquence, a pris la ferme décision de le libérer. Mais il n'agit pas de lui-même. Il charge Moïse de faire sortir son peuple d'Égypte. C'est en

dynamisant Moïse qu'il intervient. En rédigeant ainsi, l'auteur montre ce qu'il a vu du dos de Dieu dans l'histoire. Il l'a reconnu dans l'initiative libératrice de certains humains. Dans le cas qui nous occupe, c'est Dieu qui ouvre les yeux de Moïse, le rend sensible à la misère de ses compatriotes, lui fait vaincre ses peurs et ses réticences et lui donne l'audace d'agir. En quelques lignes, tout est dit. Par la suite, YHVH se contente de réfuter les objections de Moïse, patiemment, une par une.

4 Il est intéressant, en relisant le texte, d'imaginer Moïse pour le voir réagir (facile à faire quand on se met à sa place). YHVH lui dit qu'il est descendu sur terre pour libérer son peuple. Moïse, tout heureux, se prépare à assister au grand spectacle de l'intervention historique de YHVH au profit de son peuple. Il va en voir de belles ! Jusqu'au moment où, blêmissant, il s'entend dire : allons, c'est toi qui feras sortir mon peuple d'Égypte. Et alors, ça ne va plus du tout. Il en bégaye, le pauvre Moïse. Aussi, en attendant d'en trouver d'autres, a-t-il cinq objections, coup sur coup, à aligner devant le buisson en feu (il est aussi en feu que le buisson !).

Comme Gédéon, il ne se voit pas à la hauteur de la tâche.

Comment démontrer à d'autres une rencontre avec Dieu ? Que sait-on vraiment de lui ?

Jamais les autres n'auront confiance en un homme comme lui.

Il bégaye, comment pourrait-il s'expliquer ?

Que YHVH le remplace donc par quelqu'un d'autre !

La réaction de Moïse en dit beaucoup sur les appréhensions humaines face aux interpellations du Dieu vivant.

5 Le récit se termine sur la colère de YHVH, dont il faut quand même admirer la patience, et sur la nécessaire collaboration de deux hommes de Dieu, Moïse et Aaron.

II

Comme le récit parle d'une des très grandes figures de l'histoire d'Israël, il va de soi que l'envergure du personnage colore la présentation qui en est faite. L'humilité de nos vies n'empêche pourtant pas que nous nous retrouvions dans la rencontre qui a conduit à la libération d'Égypte.

1 L'histoire humaine est une succession d'empires, qui visent à dominer les peuples, à leur imposer leur joug et leur culture tout en s'appropriant leurs richesses. En visitant les grandes capitales du monde, il n'est certes pas défendu d'en admirer les beautés, mais l'expérience de Dieu rappelle qu'elles se sont édifiées sur la sueur, le sang et les biens des pauvres. C'est ce que dit l'enracinement historique de l'expérience de Moïse. Celui qu'on appelle Dieu, parce qu'il réagit constamment aux situations sociales, économiques, politiques ou culturelles qui marquent les humains, pousse celles et ceux qu'il interpelle à se préoccuper de connaître le monde qui les entoure. Pour juger de l'authenticité de vos rencontres avec Dieu, la qualité des efforts déployés pour devenir un être humain renseigné – indépendamment du niveau d'études atteint – est un critère important. L'état du monde vous préoccupe-t-il?

2 Avec le temps, vous devriez arriver à bien situer dans l'espace et le temps, les rencontres avec Dieu qui vous apparaissent particulièrement significatives. Ce faisant, vous pourrez voir ce que vous étiez en train de faire quand vous avez été mis en contact avec cette présence. Vous entrerez peut-être ainsi dans la longue chaîne de ces humains rencontrés en pleine activité.

3 Gédéon ne pouvait admettre qu'il se trouvait en présence de Dieu, parce que tout allait mal autour de lui. Moïse, lui, s'attendait à voir tout un spectacle de la part de Dieu. L'expérience les

a amenés à corriger leurs attentes. Discernant ce qui se passait en eux, voyant le dos de Dieu dans l'histoire de leur vie, ils ont compris le mode d'agir de YHVH. C'est lui qui les avait rendus sensibles à la misère de leur peuple, qui leur avait fait prendre parti pour les petits contre les oppresseurs, qui leur avait donné le courage de prendre des initiatives qui, au départ, leur semblaient au-delà de leurs forces. Sans lui – même si comme nous ils ne l'ont jamais entendu parler physiquement – ils n'auraient rien pu faire. Sans eux, il ne se serait rien passé. Le Dieu de votre histoire se comporte-t-il comme le leur ? Avez-vous le même Dieu qu'eux ?

4 La vie de Moïse a été bouleversée par sa rencontre avec YHVH. Finie la vie paisible de berger. Il parlait à ses moutons, il devra négocier avec pharaon. Tout un changement ! On comprend ses réticences et ses objections. Mais elles ne sont que l'équivalent, à un plus haut degré peut-être, des peurs et des réserves de tout être humain rencontré par Dieu. Parce que le monde humain s'est, depuis les débuts, structuré pour former des esclaves en série, le Dieu vivant rencontre nécessairement des gens qui sont dans une situation d'esclavage. Esclaves de l'économie, esclaves au service de l'Empire, esclaves des idées reçues, esclaves de l'entourage, etc. Or, on s'habitue à ses esclavages. Ils donnent de la sécurité. Aussi est-il inquiétant d'éprouver un fort mouvement intérieur de libération. Plus rien ne sera pareil. La vie sera bouleversée : aurai-je les forces requises ? qu'est-ce que les autres vont dire ? que va-t-il m'arriver ? Les objections de Moïse ne sont que les premières d'une longue série, à mesure que s'étire dans l'histoire la liste des humains interpellés par le Dieu vivant.

Qu'en est-il alors de vous ? Sur fond de scène très large du mode de vie que vous impose la société actuelle, le discernement du contenu de vos démêlés avec Dieu est plus que jamais nécessaire. Il devrait vous permettre de voir quelle est la situation privilégiée d'esclavage contre laquelle ce Dieu est en lutte en vous. Quel chemin vous a-t-il ouvert, devant lequel vous avez paniqué ? À quelle lutte vous a-t-il engagé, qui vous a semblé au-dessus de vos forces ? À quels changements vous a-t-il invité, dont vous aviez peur de parler à votre entourage ? Sur quel terrain est-il en guerre contre vous ? Si vous comprenez à quoi riment ces questions, vous risquez d'avoir le même Dieu que Gédéon et Moïse. Si vous ne voyez pas trop à quoi elles peuvent se référer dans votre vie, allez creuser un peu votre histoire. Je me permets de vous dire que c'est important de le faire.

5 Tout comme il l'a été contre Moïse jadis, peut-être Dieu est-il en colère contre vous. Ça se comprend qu'il perde patience de temps en temps. Mais sa colère ne dure pas. Par ailleurs, si vous ne l'avez pas encore écouté, c'est peut-être que vous avez besoin d'aide, comme Aaron et Moïse ont dû compter l'un sur l'autre. Regardez alors si, autour de vous, il n'y aurait pas quelqu'un (ou un groupe ou un organisme...), dont la force correspondrait à votre faiblesse. Le Dieu vivant est prêt à vous dynamiser l'un et l'autre, ce qu'il ne pourra faire, cependant, si vous n'allez pas trouver l'autre...

Notes personnelles

_4_

Il FAIT VOIR LA VIE AUTREMENT

1 Rois 19,1-3.8-13.18; 17,10-12.17; 21,17-19

Contrairement à Moïse, le prophète Élie n'est pas l'homme des hésitations. Il a confiance en lui-même, est fier de sa foi, est même rempli de certitudes. Il sait qui est Dieu et ce qu'il veut. Il sait qui est croyant et qui ne l'est pas. Un homme d'une grande force intérieure. Trop grande ? Il a ses entrées auprès du roi Achab et de sa femme, la reine (étrangère) Jézabel, et ne déteste pas avoir de l'influence sur les grands. Au nom de YHVH, bien sûr ! Jusqu'au jour où, contrarié par l'influence grandissante des prophètes de Baal amenés en Israël par la reine et sans trop se poser de questions sur la portée de son geste, il met à mort tous ces étrangers. Jézabel ne peut évidemment pas rester sans réagir. Le prophète vivra donc la plus grande crise de son existence et, en conséquence, modifiera radicalement ses façons de faire.

Et Achab raconta à Jézabel tout ce qu'Élie avait fait, et tous ceux qu'il avait tués, tous les prophètes, par l'épée.

Et Jézabel envoya un messager à Élie pour dire :
Qu'ainsi me fassent les dieux, et qu'ils en rajoutent, si à ce moment demain je ne pose pas ta vie comme la vie de l'un d'eux.

Et il vit,

et il se leva,

et il marcha pour sa vie,

et il vint à Bersabée qui est à Juda,

et il laissa là son serviteur. […]

Et il marcha […] quarante jours et quarante nuits jusqu'à la montagne de Dieu, l'Horeb.

Et il vint là, dans la grotte,

et il passa la nuit là.

Et voici une parole de YHVH pour lui,

et il lui dit :
Qu'y a-t-il pour toi ici, Élie ?

Et il dit :
J'ai été d'un total dévouement pour YHVH, Dieu des armées, parce qu'ils ont abandonné ton traité, les enfants d'Israël, ils ont démoli tes autels, et ils ont tué tes prophètes par l'épée,
et je suis resté, moi seul, et ils cherchent ma vie pour la prendre.

Et il dit :
Sors, et tu te tiendras sur la montagne, devant YHVH.

Et voici, YHVH passe, et un souffle grand et fort sépare les montagnes et brise les rochers devant YHVH, il n'est pas dans le souffle, YHVH, et après le souffle un tremblement de terre, il n'est pas dans le tremblement de terre, YHVH, et après le tremblement de terre un feu, il n'est pas dans le feu, YHVH, et après le feu le son d'un fin murmure.

Et il fut qu'Élie entendit,

et il enveloppa sa face de son manteau,

et il sortit,

et il se tint à l'entrée de la grotte.

Et voici vers lui une voix.

Et [YHVH] dit : [...]

J'en laisserai en Israël sept mille, tous les genoux qui n'ont pas plié pour Baal, et toute bouche qui ne l'a pas embrassé. [...]

Et il se leva,
et il marcha à Sarepta,
et il vint à la porte de la ville, et voici là une femme, veuve, ramassant du bois,
et il l'appela,
et il dit : [...]

Prends, je t'en prie, pour moi un morceau de pain dans ta main.

Et elle dit :

Par la vie de YHVH, ton Dieu, je n'ai pas de galette cuite, je n'ai qu'une poignée de farine dans le plat et un peu d'huile dans la jarre, et voici, je ramasse deux bouts de bois, et je viendrai, et je préparerai cela pour moi et pour mon fils, et nous le mangerons et nous mourrons ! [...]

Et il fut, après ces choses, que le fils de la femme, maîtresse de la maison, fut malade.

Et il fut que sa maladie fut forte, extrêmement, jusqu'à ce qu'il ne lui reste plus d'haleine. [...]

Et fut une parole de YHVH à Élie le Tishbite, pour dire :

Lève-toi, descends pour rencontrer Achab, roi d'Israël, qui est à Samarie. Voici qu'il est dans la vigne de Naboth, où il est descendu pour s'en emparer. Et tu lui parleras pour dire :

Ainsi a dit YHVH : Tu as donc tué pour ce dont tu voulais t'emparer ?

I

Une des caractéristiques du texte qu'on vient de lire, et qu'on n'avait pas rencontrée jusqu'à maintenant, c'est la modification qu'il fait subir aux manifestations traditionnelles de Dieu et le changement d'orientation qu'il décrit chez le prophète lui-même. Voyons cela de plus près.

1 D'abord il faut noter qu'ici comme ailleurs, le récit est bien situé dans le temps et dans l'espace. L'expérience de Dieu est inséparable de l'histoire concrète d'un être humain.

2 La rencontre est vécue dans un moment de crise. Le fond de scène est certes un autre de ces moments difficiles dans la vie d'Israël: tentation de remplacer YHVH, le Dieu historique à l'origine même du peuple, par Baal, une puissante divinité étrangère. Mais la crise en question est surtout celle du prophète. Dans un moment de folle audace, il s'est attaqué de façon très violente à

l'entourage même de la reine et les conséquences de son geste sont désastreuses. Il a perdu toute influence auprès du roi et ne peut donc plus jouer son rôle de prophète, rôle qu'il aime. Et sa vie même est menacée. Désemparé, son existence bouleversée, seul, il décide d'instinct de retourner au lieu de l'antique révélation de YHVH à Moïse, l'Horeb.

3 Notons ici, parce que c'est la seconde fois qu'elle est explicitée, l'importance de ces lieux traditionnels (YHVH-Paix, l'Horeb) pour la rencontre avec Dieu.

4 Dans le récit, il est évident que le prophète a l'initiative de la rencontre. YHVH répond au désarroi de son serviteur.

5 Même en des temps difficiles, Élie refuse de se mettre en question. Il exprime son dévouement total à son Dieu et porte un jugement globalement négatif sur la conduite de son peuple : mépris de la tradition, destruction des sanctuaires, meurtres des prophètes (il évite de parler de son geste contre les prophètes de Baal…). Il est *le seul* à être fidèle à YHVH, et on veut le tuer.

6 Les versets qui suivent sont parmi les plus remarquables de toute la Bible. La conjoncture exige que soient modifiées de fond en comble les représentations qu'on se fait des modes d'intervention de Dieu (souvenons-nous de Gédéon qui, à cause de l'idée qu'il avait des façons d'agir de Dieu, ne parvenait pas à se rendre compte de sa présence). YHVH se rencontre désormais, non plus comme jadis dans les terrifiantes manifestations des forces de la nature, mais, dirait-on de nos jours, dans les inspirations subtiles de l'intériorité. Il faut avoir l'oreille (intérieure) fine pour le saisir.

7 Le mode subtil de la présence de Dieu ne s'oppose pas à la vigueur de sa parole. YHVH n'hésite pas, et de façon très mordante, à contredire son prophète. À celui qui prétendait être le seul serviteur de son Dieu, ce dernier répond qu'il en a sept mille de ces

serviteurs en Israël, sept étant le chiffre de la plénitude, mille, celui de la multitude. Façon de dire qu'il y a plus de gens fidèles à lui en Israël qu'il ne peut les compter. Tout occupé à ses démêlés, flatteurs pour l'ego, avec Achab et Jézabel, Élie était aveuglé. Lui qui se croyait tout proche de Dieu se trouvait loin de l'endroit privilégié pour le rencontrer : la vie des petites gens du peuple.

8 Comprenant la leçon, Élie change sa façon de faire. Le voilà chez une pauvre veuve, païenne de surcroît (servante de Baal, sans doute !), confrontée à la famine et à la mort de son enfant. Le prophète ne sert plus YHVH dans le tintamarre de la grande politique, mais dans le son ténu qu'émet la pauvreté. Et s'il se confronte de nouveau à Achab, ce n'est plus dans une démonstration de puissance – qui flatterait encore son ego – face à des prophètes d'autres dieux, mais dans une manifestation d'indignation contre une injustice crasse commise par le roi contre un homme du peuple. Et YHVH en arrivera même à reconnaître l'authenticité du repentir du roi (1 Rois 21,29).

II

L'expérience de Dieu, qu'elle soit collective ou individuelle, ne se fait pas une fois pour toutes. Elle s'exprime dans une existence en mouvement et donc l'influence. Mais elle est elle-même susceptible d'être transformée à la suite des événements qui marquent une vie. C'est à ce prix qu'elle garde sa pertinence.

1 Le récit sur Élie ne veut pas décrire la première rencontre entre ce personnage et son Dieu. Il ne présente pas la vocation d'Élie. Celui-ci était prophète avant de s'en aller à l'Horeb. Ce qu'expérimente Élie se situe dans la ligne d'autres événements vécus

antérieurement en d'autres lieux. Rencontres en chaîne. Vous ne pouvez vraiment comprendre votre vie, donc son déploiement dans l'histoire, que s'il vous est possible d'en saisir le mouvement dans le temps et l'espace.

2 On peut avoir des convictions ou des certitudes sur Dieu sans que celles-ci soient nécessairement ajustées à la vie. Le récit sur la rencontre à l'Horeb vous invite donc à faire l'histoire des modifications que, dans votre vie, vous avez fait subir à votre image de Dieu. À cet effet, il serait utile de mener trois examens en parallèle : l'histoire de la (ou des) société dans laquelle vous avez vécu, celle de l'Église ou de votre tradition religieuse et la vôtre.

3 Pour cette enquête, il n'est pas interdit, surtout si ces dernières années vous avez vécu votre recherche d'intériorité de façon très individuelle, d'aller une fois ou l'autre réfléchir dans un lieu traditionnel de rencontre avec Dieu : église, sanctuaire, monastère… L'atmosphère de ces endroits semble garder les traces de la prière d'innombrables humains et être apte à rendre plus audible le son des fins murmures intérieurs.

4 Le récit est invitation à prendre l'initiative de la rencontre avec Dieu quand besoin – qui naît sans doute de lui – s'en fait sentir.

5 Le récit invite à une démarche très difficile, celle de la continuelle remise en question de soi, *surtout* dans les choses de Dieu. L'être humain est porté à se justifier, à s'ancrer dans ses certitudes, à sacraliser contre les autres ses façons de faire, à se voir avec ses semblables comme le petit reste fidèle qui voit clair alors que les autres sont aveugles. Il a souvent peine à accepter de reconnaître un appel, montant du fond de lui, à laisser bouleverser ses idées sur Dieu. Il durcira donc ses façons de faire en fidélités de toutes sortes pour s'empêcher de changer. Y aurait-il, chez vous, quelque chose de ce comportement qui vous ferait porter de durs jugements sur les autres, signes de votre dureté envers vous-même ?

6 L'expérience de Dieu est nécessairement ouverture, changement, liberté, approfondissement, intériorisation, prise de distance vis-à-vis des manifestations traditionnelles de la foi ou de la religion. Du fracas au fin murmure. En quoi l'histoire de vos représentations de Dieu suit-elle ce mouvement?

7 Dieu n'a jamais été politiquement correct. Il voit clair dans le jeu humain et ne craint pas de brouiller nos belles images. Pouvez-vous mettre des mots sur la principale contradiction qu'il voit en vous (nous reviendrons plus loin là-dessus)?

8 La vie d'Élie ouvre une dimension fondamentale de l'expérience de Dieu. D'un côté, celui-ci se rencontre dans l'écoute d'une parole qui vient des profondeurs de l'être humain. De l'autre, la vérité de cette parole se vérifie dans la solidarité avec le sort de la multitude des petites gens confrontés aux dures réalités de la misère, de la faim, de la maladie, de l'oppression et de la mort. Le Dieu qui parle au-dedans envoie les siens vers les victimes de tous les systèmes humains. C'est là que la parole entendue est reconnue, nourrie, vérifiée, prise au sérieux. Conscients de la misère de leur peuple, Moïse et Gédéon luttent pour le libérer, Élie pour y faire arriver pain, huile, vie, justice. Le récit sur Élie vous invite à faire l'histoire de vos manifestations concrètes de solidarité avec les pauvres et à expliciter les liens que vous y voyez avec vos rencontres de Dieu.

À ce point de votre lecture, peut-être êtes-vous fatigué. Au cours de son voyage de jadis, Élie lui-même s'est retrouvé épuisé, déprimé. Par deux fois, un ange de Dieu lui prodigua nourriture et encouragement pour la route (1 Rois 19,4-8). Il arrive que le voyage intérieur soit chose rude. Il se pourrait donc que le moment soit venu de mettre ce livre de côté et de refaire vos forces. Un jour, peut-être, vous y reviendrez.

Notes personnelles

5

IL FAIT MAL

Genèse 32,23-32

Le récit qui suit est fondé sur une vieille tradition animiste, suivant laquelle un esprit habitait la passe d'un torrent et s'attaquait à quiconque voulait traverser. Dans l'état actuel du texte, l'esprit en question est un homme, qui va être identifié à Dieu et s'en prendra à Jacob. C'est selon cette compréhension que l'épisode sera lu.

Et il se leva, cette nuit-là,
et il prit ses deux femmes, et ses deux servantes, et ses onze enfants,
et il passa la passe du Yaboq,
et il les prit,
et il leur fit passer le torrent,
et il fit passer ce qui était à lui,
et Jacob resta seul.

Et un homme lutta avec lui jusqu'à la montée de l'aurore,
et il vit qu'il ne pouvait l'emporter sur lui,
et il le toucha au creux de sa cuisse.
Et le creux de la cuisse de Jacob se disloqua pendant sa lutte avec lui.
Et [l'homme] dit :
  Envoie-moi, car l'aurore est montée.
Et [Jacob] dit :
  Je ne t'enverrai pas que tu ne m'aies béni.
Et il lui dit :
  Quel est ton nom ?
Et il dit :
  Jacob.
Et il dit :
  Plus Jacob ne sera encore dit ton nom, mais Israël, car tu as combattu avec Dieu, et avec des hommes, et tu l'as emporté.
Et Jacob demanda,
et il dit :
  Fais-moi savoir, je te prie, ton nom.
Et [l'homme] dit :
  Pourquoi cela ? Tu demandes mon nom ?
Et il le bénit là.
Et Jacob appela le nom de la place Peniël :
  Car j'ai vu Dieu face à face,
  et ma vie a été épargnée.
Et le soleil se levait sur lui comme il passait Penouël.
Et il boitait de la cuisse.

I

Le texte est ancien, étrange. À première vue, il apparaît sans rapport avec l'expérience contemporaine de la vie, en particulier des réalités de la vie intérieure. Mais laissons-le parler.

1 Toujours cette attention à situer les événements dans l'espace et le temps.

2 Le récit mentionne explicitement que Jacob est seul. Souvenons-nous de Moïse, Gédéon, Élie. Seuls, eux aussi, au moment de la rencontre. Si celle-ci ne se comprend que par rapport à l'état d'une société et pousse à y retourner, vivre et agir, reste que le moment de la rencontre se vit dans la solitude.

3 L'épisode rapporte une lutte dure, longue, entre deux hommes de force égale.

4 Chacun veut savoir le nom de l'autre. Dans la culture du temps, qui connaît le nom de quelqu'un sait son être, partage le secret de son intimité. L'homme du récit, s'il ne l'emporte pas physiquement sur Jacob (bien qu'il rende à ce dernier le témoignage de sa victoire), a assez d'autorité pour forcer Jacob à révéler son identité. Lui-même, tout en se disant Dieu, refuse de révéler son vrai nom. Jacob n'arrivera pas à le connaître vraiment, c'est pourquoi, même s'il a vu la face de Dieu, il n'est pas mort comme on s'y serait attendu selon les conceptions de l'époque. Il n'en a pas percé le secret.

5 Ce que Jacob a vu a contribué à le transformer radicalement. Il faut donc qu'il reçoive un nouveau nom. Selon l'explication populaire, Jacob, c'est-à-dire *celui qui a talonné* (son frère Ésaü: Genèse 25,26), devient Israël, *celui qui a lutté* avec Dieu. Sa vie ne sera plus la même.

6 Physiquement même, Jacob portera les traces de sa lutte avec Dieu : il boitera de la cuisse.

II

1 Les textes ne cessent de rappeler l'ancrage de l'expérience de Dieu dans l'espace et le temps. Aussi, serait-ce manquer de respect à Dieu que de se contenter des expressions traditionnelles pour le dire : Tout-Puissant, Providence, Père, etc. Votre Dieu a tout fait pour vous parler. Vous lui devez bien de garder mémoire des lieux et moments de vos rencontres.

2 Même si l'être humain est fondamentalement système perfectionné de communication, qu'il vit de communication, se fait par la communication (respirer, boire et manger, parler, entendre, toucher, etc.), il se nourrit également d'intériorité, en ce lieu de lui-même où il intègre ses communications. Chacune, chacun est seul à pouvoir effectuer cette plongée en soi-même. La solitude est même une condition, sinon de rencontre avec Dieu, au moins d'une réflexion qui permet d'en prendre conscience (le voir de dos…). Et forte est la tentation, dans nos sociétés, de repousser les moments de nécessaire solitude : radio, télé ou système de son en perpétuelle activité; recours constant à Internet; lecture, téléphone, ménage, vidéo… Vous arrive-t-il d'être seule, seul, avec vous-même, et donc dans les conditions requises pour entendre le son d'un fin murmure ?

3 Le récit sur Jacob parle d'une lutte pénible, qui dure une nuit entière. De nos jours, on a plutôt tendance à parler de Dieu-ce-Bon-Père, des Anges-qui-nous-protègent, etc. Les anciens avaient d'autres vues là-dessus, et n'allez pas penser que le Nouveau Testament ou le Nouvel Âge, ou que sais-je, ont des vues plus avancées sur le sujet que les sages ou scribes qui ont rédigé les textes que nous sommes en train de lire. Par rapport à eux, en matière d'intériorité, nous risquons d'être des illettrés. Ils savaient ce qu'est la rencontre de l'Autre. Une lutte entre deux consciences, deux volontés, deux visions de soi. Le fameux conflit entre la *chair* et le *souffle*, dont parle Paul. Si l'Autre parle avec la douce finesse d'un murmure, c'est une volonté d'acier qui s'y exprime. Il vous pousse dans une direction, et vous, vous résistez. Allez faire l'effort de préciser l'histoire de vos luttes.

4 L'Autre vous connaît et il a ses rêves sur vous. De l'intérieur de vous, il détient le secret de votre chemin de bonheur et souhaite que vous vous y engagiez. De ce côté-ci de l'histoire, vous ne saurez jamais qui (ou ce qui) est à l'origine de ces poussées

vitales qui vous dynamisent dans une direction. Il restera toujours dans son mystère. Vous ne saurez de lui que l'orientation de son agir. Si vous le laissez vaincre, vous aurez trouvé le fameux sens de la vie. Non pas en mots, mais en bonheur. Déjà, cependant, vous devriez percevoir quelque chose de son rêve sur vous.

5 Nous ne pouvons changer le passé, ni l'histoire de nos vies. Nous ne saurions même soupçonner ce qu'aurait pu être notre existence, aurions-nous suivi un chemin différent. Mais il n'est pas sans intérêt, sur le fond de scène de ce qui aurait pu être, de regarder la femme, l'homme que nous sommes maintenant. Vous êtes maintenant celui ou celle que la série de vos rencontres avec l'Innommable vous a fait devenir. Vous est-il possible de vous attribuer un nom, une image, un symbole qui corresponde à la personne que vous êtes pour lui ?

6 Jacob est sorti physiquement blessé de sa rencontre. Ne passez pas trop vite sur cet aspect de l'expérience de Dieu. Prenons quelques exemples, si anodins soient-ils. Il vous est sûrement arrivé, sur le point de partir en voyage, en vacances, de vous sentir l'organisme (tête, estomac, intestin...) plus ou moins dérangé. Ou avant une entrevue de sélection. Ou face aux premiers symptômes d'une tombée en amour. Et alors, le face-à-face avec l'Autre-par-excellence vous aurait laissé physiquement intact, sans le moindre petit dérangement physique ? Iriez-vous tenter de faire l'histoire de vos maladies « divino-somatiques » ?

Notes personnelles

6

IMPOSSIBLE DE S'EN DÉFAIRE

Jérémie 12,1.2.5.6; 15,10.16-18.20; 20,7-9.14.18

Le texte qui suit, s'il a une forme narrative, n'est pas un récit au même titre que ceux qui précèdent. Le prophète Jérémie n'y raconte pas un événement, une rencontre. À sa façon, douloureuse, il dit sa vie, tire des conclusions de son expérience de Dieu, montre ce qu'il a vu du dos de Dieu et réfléchit sur le genre d'homme qu'il est devenu. On va le voir, ce n'est pas le type porté aux alléluias. Rien de scandalisant là-dedans, pensez au *Mon Dieu, mon Dieu, pourquoi m'as-tu abandonné*, de l'homme de Nazareth. Et, peut-être, à vos propres expériences.

– Tu es juste, YHVH,
te traînerai-je en cour ?
Pourtant, c'est de jugements que je veux parler avec toi.
Pourquoi le chemin des mauvaises gens a-t-il du succès ?
Pourquoi sont-ils à l'aise les fraudeurs de fraudes ?

Tu les as plantés, et ils font des racines.
Ils progressent, ils font même du fruit.
Ils t'ont à la bouche mais en leur fond sont loin. [...]
– Tu cours avec des piétons et ils te fatiguent ?
Comment te mesureras-tu avec les chevaux ?
Tu vis en sécurité, dans un pays en paix.
Comment feras-tu dans la jungle du Jourdain ?
En effet, même tes frères et la maison de ton père,
même eux te trahiront,
même eux crieront après toi : Assez !
Ne leur fais pas confiance quand ils te feront belle façon.
[...]

– Malheur à moi, ma mère, que tu m'aies enfanté,
moi, l'homme de contestation, l'homme de chicane pour tout le
pays. [...]
Tes paroles arrivaient, je les avalais,
et tes paroles étaient, pour moi, le ravissement et la joie de mon
cœur, quand ton nom était prononcé sur moi, YHVH des armées.
Je ne me suis pas assis en compagnie des cyniques pour ricaner.
Ta main aidant, je me suis tenu à l'écart, car tu m'avais rempli de
colère. [...]
– Je ferai don de toi à ce peuple : un mur d'airain fortifié.
Et ils combattront contre toi, sans rien pouvoir contre toi,
car je serai avec toi pour te libérer et te délivrer,
foi de YHVH.
[...]

– Tu as usé de séduction sur moi, YHVH, et j'ai été séduit,
tu t'es servi de force contre moi et tu l'as emporté.
J'ai fait rire de moi à longueur de journée,
ils sont tous là à se moquer de moi.
En effet, dès que j'ouvre la bouche, c'est pour clamer,
crier à la violence et au pillage.

Oui, la parole de YHVH a été pour moi
source de reproche et de plaisanterie à longueur de journée.
Je me suis alors dit : Je ne dirai rien de lui,
et je ne parlerai plus à cause de lui.
Mais c'était dans mon cœur comme un feu brûlant,
un feu prisonnier dans mes os,
Je m'épuisais à le contenir, mais sans le pouvoir. [...]
Maudit soit le jour où j'ai été enfanté !
Le jour où ma mère m'enfanta, qu'on ne le bénisse pas ! [...]
Pourquoi suis-je donc sorti du sein ?
Voir peine et chagrin ?
Et que mes jours finissent dans la honte ?

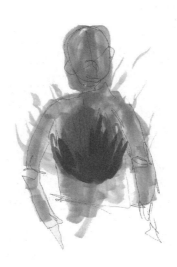

I

Le rôle d'un prophète ou d'une prophétesse est de contester.
Pas pour le plaisir, pas pour être à la mode, pas par simple goût
du différent. Mais par un besoin qui vient d'une profondeur
telle qu'il semble surgir de la nuit des temps, traverser l'histoire
de part en part. Il y a chez les prophètes, une souffrance, une
colère, qui impose un immense respect. Mais, comme aimait le
répéter un de mes vieux professeurs juifs, un prophète est d'autant mieux reçu qu'il est loin dans l'espace ou le temps. Pauvre
gestionnaire qui rencontre un prophète, impuissant prophète
qui rencontre les hommes de système. Tout à coup, l'absolu
vient se confronter au relatif. Douleur, colère, d'un côté, rires,
moqueries, de l'autre. Osons, en tremblant, nous approcher de
Jérémie.

1 Comme il s'agit, dans ce récit, de réflexions faites par un
homme sur sa vie, réflexions qui ont pu s'étendre sur une certaine période, le texte ne peut, comme les précédents, être situé
dans l'espace et le temps.

2 Comme Jacob, mais à sa façon, Jérémie débat avec Dieu. Il est
tourmenté par l'éternel problème du mal. Persuadé, d'un côté,
de l'innocence de Dieu, il ne peut lui intenter un procès. Mais les
apparences sont contre lui. Comment peut-il tolérer l'intolérable ?
Ne voit-il pas la réussite des gens injustes et fraudeurs ? N'est-il pas
sensible au scandale qu'ils causent ? Ils se servent de leur pouvoir
et de leur argent pour fausser l'image de Dieu. Ce dernier n'a-t-il
donc pas d'amour-propre ?

3 Le prophète, répondant alors de lui-même à ses propres questions, met dans la bouche de YHVH une réponse brutale : « Tu
n'as encore rien vu ! Si cela suffit à te mettre à l'envers, attends de

voir la suite! Ce sera la jungle. Un exemple? Ta famille elle-même se retournera contre toi. Ils voudront à tout prix te faire taire et resteront dangereux même quand ils seront tout sourire et miel devant toi. »

4 C'en est trop pour le prophète, qui regrette même d'avoir été mis au monde. Il se considère doux, bon, pacifique, cherchant à vivre heureux avec les siens. Mais à cause de cette parole de Dieu qu'il a entendue au fond de lui, il s'est vu contraint de contester l'état des choses autour de lui. Il veut aimer et être aimé, et le voilà en chicane avec tout le monde. Pourquoi ces querelles? Rien ne l'y préparait. Surtout pas l'expérience des débuts, qui le remplissait de joie, alors qu'il ne cherchait qu'à goûter paisiblement les choses. Mais peu à peu, la colère est montée. L'injustice est devenue insupportable. Il a dû sortir de sa retraite et les ennuis ont commencé.

5 Se reprenant alors, Jérémie va puiser à ses ressources profondes. Lui, si fragile, éprouve une force intérieure qui l'étonne lui-même. Il aura le courage de ne pas céder. Une énergie indomptable l'habite, qui ne cessera de bouillonner en lui, source d'une confiance inébranlable: elle veillera sur lui.

6 Mais l'histoire de Jérémie est celle d'une lutte incessante: lutte à l'intérieur de son peuple, lutte en lui-même. Il en veut à Dieu. Le combat est inégal: comment contrer l'immense pouvoir de séduction de Dieu? son incroyable emprise sur les humains? Séduit par la voix intérieure qu'il a entendue, il s'est fait ouvrir les yeux sur l'injustice généralisée qui l'entoure, a laissé monter la colère en lui et a accepté de la rendre manifeste. Mais il s'est rendu ridicule aux yeux de tout le monde. Alors, il a décidé de se taire. Il voulait redevenir comme les autres. Peine perdue. Un feu brûle en lui, un incendie qu'il ne peut éteindre. Et c'est là son drame. S'il laisse sortir de lui ce feu qui l'habite, il se met à dos son monde à en devenir ridicule. S'il décide de se taire et de garder ses opinions

pour lui, il s'épuise à lutter contre lui-même. Il ne peut pas ne pas parler. Est-il donc condamné à mourir humilié ?

II

1 De toute la littérature biblique, Jérémie est sans doute celui qui nous a le mieux parlé de ce qu'il a vu du dos de Dieu en relisant son histoire. Son témoignage devrait vous encourager à poursuivre la relecture de votre propre vie. L'ensemble des chapitres 7 à 20 de son livre, d'où sont tirés les extraits qui précèdent, est à lire. Ce prophète représente sans doute un cas extrême de vie en lutte avec son entourage et de combat intérieur. Mais il devrait y avoir du Jérémie chez toute personne rencontrée par le Dieu vivant. Le prophète vous invite donc à relever ces aspects de votre propre aventure laissés dans l'ombre jusqu'ici.

2 La rencontre avec Dieu rend les humains sensibles à l'état de leur société. Elle les pousse à voir et comprendre ce qui s'y passe. Elle fait relever des comportements qui, auparavant, laissaient indifférents ou étaient jugés normaux. Il y a, autour de soi, des fraudeurs, des profiteurs, des gens qui s'enrichissent aux dépens des autres, ou qui se servent de Dieu pour se justifier. Rien de neuf là-dedans. Cela existe depuis que le monde est monde. Sauf que la rencontre avec Dieu produit un effet précis : ces choses apparaissent inacceptables, injustes, scandaleuses. Elles ne vont plus de soi. Et c'est ce qui cause un problème à l'être humain qui fait l'expérience de son intériorité. Ce qui est inacceptable pour les humains l'est certainement aussi pour Dieu. Or, que fait-il, lui, face au mal du monde et à l'image désastreuse que donnent de lui les grandes religions ? Sans doute est-il foncièrement juste, mais n'est-on pas en droit de l'accuser de refus d'agir ? L'exemple de Jérémie

montre donc que voir le dos de Dieu conduit nécessairement à être scandalisé par lui. De façon paradoxale, croyantes et croyants devraient avoir plus de problèmes avec Dieu qu'agnostiques ou athées. À l'interpellation de Jérémie, vous voilà donc à la recherche de vos motifs de querelle avec Dieu !

3 La rencontre avec Dieu ne fait pas que rendre sensible au mal du monde. Elle pousse à réagir, à ne pas laisser passer l'inacceptable, à exprimer ses scandales, à indiquer ses partis pris. Nécessairement, la situation se corse. Qui, au cours de réunions de familles ou d'amis, de conversations de bureau, à table, à la pause-café, à la salle de rencontre communautaire, n'a pas entendu des horreurs sur la conduite de la société : les pauvres le sont par leur faute, il ne faut pas effrayer les capitaux, les gens « sur le Bien-Être » sont tous des fraudeurs qui passent leurs hivers en Floride en vivant de nos taxes, on est donc chanceux de vivre proches des États-uniens, et j'en passe. Si on laisse dire, on a la paix. Si on parle, le ton monte. Et on risque d'être déconsidéré à tout jamais. Êtes-vous comme Jérémie, parlez-vous ?

4 L'histoire biblique montre que Dieu est continuellement en guerre contre les institutions qu'il a lui-même contribué à faire naître. Un jour il exige un régime sacrificiel, un autre il n'en veut plus. Un jour il veut un temple, un autre il n'en veut plus, etc. Jérémie (chapitre 7) a été en danger de mort pour s'être attaqué au temple ; Jésus y a laissé sa vie. C'est que, dans une histoire en mouvement, les institutions deviennent vite déphasées. Or, si le Dieu de l'histoire s'ajuste quotidiennement à la réalité, les humains, pour leur part, ont tendance à sacraliser les choses, absolutiser le relatif et arrêter le mouvement. C'est donc en rejoignant des femmes et des hommes de l'intérieur que le Dieu vivant en arrive à transmettre la lecture qu'il fait de la réalité, le jugement qu'il porte sur les humains et leurs institutions et les transformations qu'il

souhaite. Mais en agissant ainsi, il place les siens dans une drôle de situation. Ils sont poussés par leur Dieu, sans pouvoir se justifier vraiment, à lutter contre des institutions mises sur pied et défendues par d'autres hommes ou femmes de Dieu. Dieu contre Dieu. Voilà pourquoi Jérémie se plaint. Autant l'avait réjoui la bouffée de libération montant des profondeurs de lui-même, autant le désarçonnent les tensions auxquelles il est confronté. Il ne peut supporter les compromis de la politique, les injustices de la finance et de l'économie, le formalisme du religieux, la violence du militaire. Homme de paix, il sent monter la colère en lui. Dieu semble attendre de lui des choses auxquelles il n'était pas préparé. Cet aspect de l'histoire de Jérémie est fondamental, mais les problèmes sont énormes. La rencontre avec Dieu appelle des humains à être facteurs de discorde, à désobéir, à s'attaquer à des institutions sacrées, à adopter des comportements injustifiables. En effet, comment se justifier ? En disant : Dieu m'a parlé ? Combien de criminels, de dictateurs, de sectaires ne se sont-ils pas exprimés ainsi ? Vous voyez le problème ? Vous avez vécu le problème ? Vous avez résolu le problème ?

5 Le fragile Jérémie se voit, sous le regard de Dieu, comme un mur d'airain fortifié. Il ne peut céder un pouce de terrain à ses adversaires. De votre côté, comment vous situez-vous par rapport à votre propre expérience de Dieu ? Votre inclination est-elle de vous en méfier si elle n'est pas appuyée de l'extérieur, ou de lui faire confiance parce qu'elle ne vous a jamais laissé tomber ? Vous êtes-vous donné des garde-fous, par exemple, des amis dont vous admirez le comportement et avec qui vous vérifiez vos agirs ?

6 Ce que Jérémie a vécu, l'Évangile, plus tard, appellera cela porter sa croix. Celle, celui qui a rencontré Dieu, qui l'a vu de dos dans son histoire, devient nécessairement, à des degrés divers, bien sûr, femme ou homme de contradiction. Homme séduit par

l'extraordinaire pouvoir de séduction de Dieu. Femme poussée à agir là où elle ne voulait pas. Femme, homme, en lutte avec l'entourage, en lutte par en dedans. Homme et femme incroyablement vivants de l'intérieur, réjouis du tourbillon de vie qui monte de si loin, mais incapables de le maîtriser. Homme et femme de paix et d'amour, à qui il répugne souverainement de juger les autres. Mais femme et homme qui ne peuvent rester passifs face aux injustices du monde, ni taire le rêve qui les habite. Condamnés à paraître utopiques aux yeux des uns, sacrilèges aux yeux des autres. Pour peu que vous vous mettiez à l'écoute de ce qui bouillonne en vous, sentez-vous que cela vous appelle à devenir une telle femme, un tel homme ? Ou peut-être l'êtes-vous un peu déjà ?

Notes personnelles

7

DÉFENSE D'OUBLIER

Deutéronome 5,6-7.15; 6,4-6.12-13; 8,2-3;
10,17-19; 11,8-9.18-19.26-28

Pas plus que le précédent, le présent texte n'est-il formelle-
ment un récit. Il est fait d'un amalgame de paroles tirées
des discours de Moïse aux chapitres 1 à 11 du Deutéronome.
Mais ces discours sont très précisément situés dans le temps et
l'espace (1,1-5) et ils contiennent des matériaux très inté-
ressants. Dans ces chapitres, en effet, on retrouve le résultat de
siècles de réflexions faites par des sages et scribes sur l'histoire
d'Israël. On y lit ce qu'Israël a vu du dos de Dieu pendant toutes
ces années. Or, pour peu qu'on fréquente ces chapitres, qu'il
faut lire en entier, on se rend vite compte que toute personne
confrontée à son Dieu est directement interpellée par ce qui y
est dit. Comme on va le voir, c'est une question de vie ou de
mort.

Ton Dieu, c'est moi, YHVH, qui t'ai fait sortir de la terre d'Égypte, de la maison des esclaves.
Il n'y aura pas pour toi d'autres dieux à ma face.
[…]

Et tu t'en souviendras :
tu as été esclave sur la terre d'Égypte,
et YHVH, ton Dieu, t'a fait sortir de là, […]
c'est pourquoi YHVH, ton Dieu, t'incite à pratiquer le jour du repos.
[…]

Écoute, Israël : YHVH, notre Dieu, YHVH est le seul.
Et tu aimeras YHVH, ton Dieu, de tout ton cœur, dans toute ta vie et de tout ton pouvoir.
Ces paroles auxquelles je t'engage aujourd'hui, elles seront sur ton cœur.
[…]

Prends bien garde à toi.
Ne va pas oublier YHVH, qui t'a fait sortir de la terre d'Égypte, de la maison des esclaves.
C'est YHVH ton Dieu que tu respecteras, lui que tu suivras, par lui que tu témoigneras.
[…]

Et tu te souviendras de tout le chemin sur lequel YHVH, ton Dieu, t'a fait marcher, ces quarante ans, dans le désert, afin de te rendre vrai, te sonder, pour savoir ce que tu as dans le cœur, si tu garderais ses incitations ou non.
Et il t'a rendu vrai,
et il a creusé ta faim,
et il t'a fait manger la manne, inconnue de toi et de tes pères, pour te faire savoir que l'humain ne vit pas seulement de nourriture, mais que c'est de tout ce que Dieu fait sortir de sa bouche que vit l'humain.
[…]

YHVH, votre Dieu, est Dieu sur les dieux, Seigneur sur les seigneurs, le grand Dieu, puissant, terrifiant,
   qui ne fait pas de cadeau et ne reçoit pas de faveur,
   rend justice à l'orphelin et à la veuve,
   et aime l'étranger à lui donner nourriture et vêtement.
Vous aimerez donc l'étranger, car étrangers, vous l'avez été sur la terre d'Égypte.
   [...]

Et vous garderez toutes ces incitations auxquelles je vous incite aujourd'hui. Ainsi deviendrez-vous assez forts pour entrer vous emparer de la terre que vous allez passer prendre. Ainsi, également, prolongerez-vous vos jours sur le sol que YHVH a juré à vos pères de leur donner, ainsi qu'à leur descendance, terre d'où jaillissent le lait et le miel.
   [...]

Ces paroles-là, les miennes, vous les mettrez sur vos cœurs, et dans vos vies,
et, en guise de rappel, vous vous les attacherez sur la main, elles vous serviront même de talismans entre les yeux,
et vous les apprendrez à vos enfants, en parlant d'elles, sois-tu assis dans ta maison, ou en train de marcher sur le chemin, ou de te coucher, ou de te lever.
   [...]

Regarde bien ! Je mets aujourd'hui devant toi bonheur et malheur.
   Le bonheur, quand vous écouterez les incitations de YHVH, votre Dieu, auxquelles je vous incite aujourd'hui.
   Et le malheur, si vous n'écoutez pas les incitations de YHVH, votre Dieu, et vous écartez du chemin que je vous incite à suivre aujourd'hui, pour marcher à la suite d'autres dieux que vous n'avez pas connus.

I

1 Le Deutéronome, dans ces chapitres, effectue une opération très importante : il élargit l'expérience de Dieu à tout le peuple d'Israël. Ce ne sont plus seulement quelques personnalités légendaires qui ont été interpellées par le Dieu vivant (Moïse, Gédéon, Élie, Jérémie…) mais toute la génération, femmes et hommes, qui a vécu la libération d'Égypte et l'errance au désert, ainsi que leurs enfants et leurs descendants à qui elles seront racontées.

2 Il est expressément défendu à Israël de changer de dieu. Il était esclave, son Dieu, par Moïse, l'a libéré. Il est donc appelé à poursuivre l'œuvre de libération entreprise. Toute autre ligne

d'action serait retombée inadmissible dans l'esclavage. On n'est libéré que pour la liberté (voir Galates 5,1).

3 Israël est fortement incité à se souvenir de sa libération. Il n'a pas seulement à la garder en mémoire, mais à adopter un comportement en conséquence. Par exemple, il devra observer le sabbat, jour de repos qui, semaine après semaine, est façon de vivre la libération de l'esclavage. Ou encore, il veillera à rendre justice aux pauvres (la veuve et l'orphelin) et à prendre soin de l'étranger : il a su d'expérience, en Égypte, ce que c'est qu'être étranger dans un pays, qu'il prenne donc soin des étrangers sur son territoire.

4 Le peuple devra n'avoir que YHVH pour Dieu, c'est le seul à avoir ainsi agi en sa faveur. Et sa fidélité à son Dieu se manifestera par l'écoute des exhortations qui lui sont faites. Ainsi deviendra-t-il fort, c'est-à-dire capable de trouver le nécessaire et de vivre longuement.

5 Le but de la présence de YHVH avec son peuple est de le rendre vrai et de lui faire prendre conscience de ce dont il a besoin pour vivre : de la nourriture, certes, mais également de quoi orienter sa vie. Pour l'être humain, cependant, cette présence peut être perçue comme une épreuve, une façon pour le Dieu vivant de sonder son cœur.

6 Tous les moyens sont à prendre pour qu'Israël se souvienne de son expérience de Dieu et de sa décision de vivre en conséquence. L'enjeu est sérieux : c'est une question de vie ou de mort, de bonheur ou de malheur (voir Deutéronome 30,15-20). Impossible d'être heureux autrement.

II

1 L'expérience de Dieu est une réalité humaine, quotidienne. Certes, Dieu n'a pas les mêmes caractéristiques partout. Toutes et tous ne le rencontrent pas de la même façon. Et les personnes qui se considèrent athées ou agnostiques ont des mots différents pour l'exprimer. Dit autrement, les humains, même croyantes ou croyants, n'ont pas de certitude à propos de ce Dieu qui ne laisse que des traces dans leur histoire, et ils sont beaucoup plus proches des athées ou incroyants qu'ils peuvent le penser. L'important, dans la vie, n'est pas d'avoir raison contre les autres, mais de trouver humblement son chemin. D'ordinaire, quand on a paisiblement trouvé le sien, on se rend compte qu'il rejoint celui des autres et que tous les humains sont appelés à être frères et sœurs marchant dans la même direction. Ce n'est pas Dieu qui divise les humains, mais celles et ceux qui marchent sur le mauvais chemin. Avez-vous fini par trouver le vôtre ? Un signe : si ce chemin vous apparaît bon pour vous, vous ne désirez l'imposer à personne. Au contraire, il vous plaît de connaître celui des autres, dans l'espoir qu'il s'agisse d'un authentique chemin de bonheur.

2 Quand on a trouvé son Dieu, soutient le Deutéronome, on n'a pas le droit de changer de dieu. Qu'est-ce à dire ? La caractéristique fondamentale du Dieu d'Israël (et donc de Jésus) est d'être Libérateur. *Je suis celui qui t'ai fait sortir d'Égypte.* Les sages de jadis, qui avaient longuement réfléchi sur la condition humaine, avaient bien perçu que tout être humain vit fondamentalement une condition d'esclavage. Souvent sans même s'en rendre compte. On est esclave des façons courantes de faire : tout le monde le fait, fais-le donc. On est esclave des systèmes politiques, économiques, financiers, sociaux, religieux, familiaux. Des modes. De son passé. Plus subtilement encore, de soi-même : on est prisonnier de soi, de son

égoïsme, de son histoire. Et on ne s'en rend même pas compte. La misère des autres nous submerge, ils crient après nous, et on ne veut ni les voir, ni les entendre. Dieu est celui qui nous révèle notre esclavage, notre aveuglement sur nous-même, les autres, le monde. À l'occasion de sa rencontre, il effectue une première poussée de libération et nous ouvre le chemin pour poursuivre la tâche. Changer de Dieu, c'est se fermer à cette poussée libératrice pour retomber dans la sécurité de l'esclavage. Pouvez-vous, en quelques mots, préciser qui est *votre* Dieu, celui que vous n'avez pas le droit d'échanger pour un autre, en formulant de quel esclavage sécurisant il s'évertue à vous libérer, de quel état ou situation il vous a fait sortir ?

3 Si en plus de lire la série de textes du Deutéronome présentée plus haut, vous avez parcouru l'ensemble des chapitres 1 à 11, vous avez dû vous rendre compte de l'importance de ces exhortations qui reviennent de façon lancinante : *souviens-toi, n'oublie pas.* Ces simples mots définissent la meilleure façon de prier et le rôle le plus significatif de la prière. Prier, c'est se souvenir. Vous avez à vous souvenir du Dieu de vos rencontres et de la libération effectuée, parce que ce souvenir est la condition indispensable pour connaître le sens de votre vie, le chemin que vous avez à suivre, les décisions que vous avez à prendre. Nous sommes ici au cœur de ce qu'est vivre. La société qui vous entoure – il faut voir cela clairement – est structurée pour vous faire oublier, est organisée pour vous rendre esclave. Vous devez vous endetter à consommer. Vous devez être disponible pour travailler sur demande. Vous devez être au service de l'économie. Vous ne devez pas voir la destruction de la nature, les manipulations génétiques, l'exploitation de 80% de l'humanité, le maintien de l'injustice à coups d'embargos et de guerres, l'appropriation des ressources et des richesses par une toute petite minorité. Vous devez écouter ce qu'on vous offre à la radio, regarder ce qu'on vous montre à la télé et au cinéma de

masse, lire ce qu'on vous présente dans les journaux et revues à grands tirages, tout cela étant destiné à vous faire retomber dans votre esclavage. Cessez de vous souvenir, et vous allez vivre suivant les lignes définies par le monde qui vous entoure. Vous aurez alors changé de Dieu, et c'en sera terminé d'être une femme, un homme libre et autonome. Regardez le genre d'être humain que vous êtes devenu, au cours des périodes de votre vie où vous avez cessé de vous souvenir de votre Dieu. Fondamentalement, prier, c'est adopter tout moyen qui vise à vous ramener au cœur de votre expérience : solidarité avec des groupes populaires, engagement au service de l'écologie, lectures qui permettent de comprendre qui organise le monde tel qu'il est et pourquoi, adoption d'un style de vie modeste, décision de vous réserver des moments privilégiés de solitude, de silence et de réflexion, etc. *Souviens-toi. N'oublie pas.* Priez-vous ainsi ?

4 Impossible de devenir fort intérieurement sans être fidèle aux exhortations de Dieu qui parle au cœur des personnalités. Car il faut être solide pour vivre librement. Il n'est pas facile, en effet, de vivre en porte-à-faux par rapport au monde environnant, de chercher le sens de la vie ailleurs que dans la consommation, la richesse ou la recherche effrénée d'informations jamais digérées. Mais à qui le fait, le Deutéronome promet quelque chose de surprenant : une longue vie. Certes, les accidents de santé ou autres sont toujours possibles. Mais la force intérieure est source d'une telle paix, d'une telle joie, d'une telle sérénité, qu'elle peut même contribuer à prolonger la vie physique. Qui a trouvé le chemin ou le sens de sa vie a tout trouvé. Ressentez-vous un peu de cette force en vous ? Si vous hésitez à répondre, demandez à une personne de confiance qui vous connaît bien comment elle vous perçoit.

5 Selon le Deutéronome, l'expérience de Dieu « humilie » l'être humain, ce qu'on a traduit plus haut par le *rendre vrai*, l'hu-

milité étant le comportement de qui a fait la vérité sur son être. Il est difficile d'être vrai, de s'apprécier à sa juste valeur sans se dévaluer ni se grandir, de se réjouir des qualités et grandeurs des autres sans se sentir rapetissé d'autant. Pour être vrai, j'ai besoin d'être capable de voir cette image de moi qui surgit du fond de mon être, cette appréciation de moi que crée en moi l'agir du Dieu vivant. Les autres autour pourront la confirmer, mais jamais la détruire. Et cette parole de Dieu est essentielle à la vie, autant que la nourriture[1]. Cependant, cette parole intérieure n'est pas sans être perçue avec un certain inconfort par l'être humain. En effet, dans la mesure même où ce dernier ressent en lui une poussée de Dieu pour le rendre vrai, il se rend compte qu'il risque de n'être pas à la hauteur. Et alors son expérience prend couleur d'épreuve. Son Dieu est à l'œuvre en lui pour le sonder : *afin de te rendre vrai, te sonder, pour savoir ce que tu as dans le cœur, si tu garderas ses incitations ou non.* À lire l'histoire de votre vie, pouvez-vous déceler l'expérience d'une confiance grandissante en vous-même, l'esquisse d'une image de plus en plus positive de vous, même si, de façon humble et vraie, vous savez bien les limites de votre personnalité ? Limites que votre Dieu connaît encore mieux que vous ?

6 L'enjeu de la vie, son sens, c'est le bonheur. L'envers, la mort ou le malheur. Un mot ici sur le péché. Selon la signification biblique du terme, pécher, c'est rater le but. Le pécheur est un raté. Or, l'être humain n'a qu'un but dans la vie, c'est le bonheur. Je vis pour être heureux. Ce que dit le Deutéronome, c'est que le bonheur se situe dans la lignée de l'expérience qu'un humain fait de Dieu. Je réussis ma vie si je prends mes rencontres avec Dieu au sérieux, si

---

1. Il n'est pas sans intérêt de se souvenir ici des récits de l'épreuve de fond vécue par Jésus juste avant sa vie publique. Ils sont rapportés par Matthieu (4,1-11) et Luc (4,1-13). Quand diverses possibilités de vivre lui sont présentées par celui qui est chargé (par Dieu) de l'éprouver pour vérifier le fond de son être, Jésus répond par trois paroles tirées précisément des chapitres du Deutéronome dont nous traitons ici : 8,3 ; 6,16 ; 6,13.

je cherche à m'en souvenir et à vivre en conséquence. Je la rate si je vis autrement. Le bonheur est strictement fonction du genre d'être humain que je suis devenu dans la vie; il a peu à voir avec le statut social, la réussite professionnelle, la grosseur du portefeuille, la renommée, etc. Ceci dit, bien sûr, sans que soit sous-estimée l'importance – pour que le bonheur existe – que soient comblés les besoins humains fondamentaux: nourriture, santé, affection…, et en tenant compte des situations concrètes d'une vie et des événements qui l'ont marquée. Par exemple, le bonheur ne se vit pas de la même façon suivant qu'on est en santé ou malade. Il importe, toutefois, de prendre conscience qu'on peut avoir vécu des réussites extraordinaires aux yeux de la société, et avoir raté sa vie par le fond. Pécher, c'est moins commettre des actes répréhensibles, que rater sa vie en devenant un être humain foncièrement malheureux. Êtes-vous une sainte ou un saint, en d'autres mots, êtes-vous heureux?

Notes personnelles

Conclusion

Nous voici arrivés, dans notre parcours, à une fin qui n'en est pas véritablement une. Le voyage se poursuit. À quoi a-t-il servi ? À rien d'autre qu'à nous mieux connaître. Mais quel accomplissement que celui-là !

En route, nous avons rencontré des frères et des sœurs. Avant de partir, peut-être vivions-nous à courte vue comme les humains de toutes les générations. La génération vivante a toujours tendance à se considérer comme le dernier mot de l'humanité, comme la détentrice des secrets du bonheur, et il n'est pas rare qu'elle cède à la tentation de mépriser les ancêtres. Quels rustres ! Comment pouvaient-ils vivre sans nos gadgets ? quoi de plus réussi que l'humain façonné par Internet ? À rencontrer les anciens, pourtant, on est tenté de penser que la barbarie a changé de camp. Peut-être moins distraits que nous, ils réfléchissaient. Incapables de « zapper » le réel, ils s'y confrontaient. Moins ensevelis sous des amas d'informations, ils discernaient l'essentiel. Pas étourdis par les images, ils raisonnaient. Pas assommés par le bruit, ils s'intériorisaient. Se plonger dans le passé est d'ordinaire une leçon de vérité. Découvrant nos sœurs et frères humains, nous nous rencontrons nous-mêmes. Et Dieu avec.

Le voyage dans le passé et au cœur de soi ne fait pas que mettre en contact avec une suite de générations. Il révèle un mouvement, il fait entrer dans un tourbillon qui projette très loin en arrière et très profond en soi. Il s'agit d'un vrai voyage qui n'a rien de statique. Dans les cris des pauvres d'aujourd'hui retentissent ceux du temps de Moïse. La déprime des intervenants d'aujourd'hui en milieu populaire est celle d'Élie jadis. Nos blessures de croyantes et croyants d'aujourd'hui, celle de Jacob. Nos déchirements, ceux de Jérémie. Notre colère, celle d'Amos. Notre liberté, celle de Jésus. Nos craintes, celles de Moïse. Nos luttes, celles de Débora et Judith. Il y a ce grand mouvement, incompréhensible mais si réel, qui part de la nuit des temps, traverse l'histoire, nous emporte et s'annonce dans l'avenir. Nous ne sommes pas les premiers à affronter un océan de misères, des volontés froides, disposant d'armes ou d'argent en quantités illimitées pour les mettre au service de leurs desseins inhumains. Et nous ne sommes pas seuls pour ce faire, car il existe quelque chose ou quelqu'un, d'une vigueur incroyable, qui, réagissant depuis des millénaires par l'entremise d'humbles humains, nous accompagne au service des opprimés, de la liberté, du bonheur. Oui, il y a encore de ces humains remarquables, dont vous faites partie – peut-être le découvrez-vous avec plus de clarté – qui gardent vivante l'espérance, crient la colère, hurlent le scandale, serrent les petits dans leurs bras, refusent de céder un pouce à l'effroyable machine de mort qui les entoure.

Pas des héros, des humains. Ou plutôt si, des héros, mais sans le savoir, parce que trop près de Dieu, ce qu'ils ne savent pas non plus, trop souvent. Qu'est-ce qui les tient debout? Une force si puissante qu'ils ne sont même pas conscients qu'elle les rend forts. Ce qui les tient debout, c'est le genre d'êtres humains que leur rencontre avec Dieu, consciente ou pas, les a faits devenir. Malgré leurs si grandes limites, leur si parfaite petitesse, leurs histoires si différentes, leurs personnalités parfois si conflictuelles, ils sont toutes, tous, pareils. Vrais, parce que ne se prenant pas pour d'autres; étouffant de colère, parce que meurtris par les injustices faites aux opprimés; marginaux, parce qu'incapables de supporter l'inhumanité des systèmes; près de Dieu, mais en guerre contre tout ce qui, dans les religions, pervertit les contours du dos de Dieu; femmes et hommes de paix, aspirant à la tranquillité, mais condamnés contre leur gré à être des signes de contradiction; animés par une foi profonde, mais jugés scandaleux parce que trop ancrés dans la subversion de Dieu et dégoûtés par les insignifiances du sacré. Femmes qui se pensaient seules, loin de Dieu, rejetées par lui, réduites à vivre leurs engagements sans espoir, et qui découvrent qu'elles sont à l'œuvre depuis des siècles et que leurs engagements se continueront jusqu'au bout des jours sans que rien ne puisse jamais les abattre. Hommes qui croyaient que Dieu se mourait, que la recherche d'intériorité était chose dépassée, que les humains du nouveau millénaire vivraient leur vie froidement conscients sur une planète lancée dans le vide à la rencontre du rien. Et ils entrevoient, de dos bien sûr, une chaleur amoureuse dont ils soupçonnaient à peine l'existence, une liberté dont ils entrevoyaient à peine le souffle, une intelligence qui les désarçonne, une confiance en eux-mêmes qu'ils ne pensaient jamais pouvoir éprouver un jour. L'Innommable s'est approché, les a protégés de sa main et s'est laissé entrevoir.

> Et tu verras mon dos.
> YHVH avec toi, héros fort.
> Et je t'envoie vers pharaon.
> Et après le feu, le son d'un fin murmure.
> Et il boitait de la cuisse.
> Mais c'était dans mon cœur comme un feu brûlant.
> Ne va pas oublier YHVH.

Table des matières

Achevé d'imprimer
en août 2000 sur les presses de
Imprimeries Transcontinental inc.,
division Métrolitho

Imprimé au Canada-Printed in Canada